Este livro foi impresso no Brasil, pela editora
Alumnus, em papel pólen bold 70g,
com o tipo Minion Pro.

10 Passos para Aprovação em Concursos

1ª edição

ALUMNUS

Alexandre Garcia

10 Passos para Aprovação em Concursos

1ª edição

ALUMNUS

Diretoria Editorial: Antonio Geraldo Pinto Maia Junior e Engels Rego

Gerência Editorial: Fabrícia Gouveia

Produção Editorial: Equipe UnYLeYa

Revisão: Equipe UnYLeYa

Capa (projeto gráfico e criação): Ricardo Cayres

www.alumnus.leya.com.br

facebook.com/leyaalumnus

@LeyaAlumnus

G216d

Garcia, Alexandre.
Dez passos para aprovação em concursos / Alexandre Garcia. - Brasília : Alumnus, 2014.

62 p. 19 cm.

ISBN 9788584230129

1. Aprendizagem. I. Técnicas. 2. Método de Estudo. 3. Concurso Público. I. Título.

CDU 371.3

DEDICATÓRIA

Dedico este livro às pessoas que, diante das tempestades que atravessei, fizeram-se firmes nos momentos de maiores dificuldades da minha vida, dando-me acolhimento, atenção, carinho e amor.

“Tudo posso Naquele que me fortalece”.
Filipenses 4,13

SUMÁRIO

INTRODUÇÃO

Atualmente, no Brasil, é promovida uma corrida em que aproximadamente 12 milhões de pessoas disputam, bem preparadas ou não, uma das vagas oferecidas em concursos públicos, e, independentemente da preparação, a única preocupação é a necessidade premente de estabilidade e a certeza de um salário que trará uma vida tranquila.

Contudo, a concorrência é tão assustadora, que até mesmo pessoas extremamente qualificadas não conseguem finalizar essa jornada, pois, ainda que os candidatos possuam um elevado cabedal de conhecimento, a falta de estratégias e metodologias adequadas para o estudo limitam suas possibilidades de aprovação, levando-os às sucessivas reprovações, à frustação, à realização massiva de concursos e à consequente perda do seu potencial seletivo.

Diante dessa problemática, o candidato inicia um ciclo vicioso de ansiedade e insatisfação, que normalmente continua a movê-lo, mas por uma estrada desnecessariamente tortuosa, quando, na verdade, todo o essencial se limitaria na definição de um planejamento eficiente.

Pensando nisso, iniciaremos uma trajetória capaz de mostrar quando e onde começa um novo modelo de trabalho e organização, capaz de orientar pessoas para o caminho da vitória: A APROVAÇÃO.

POR QUE NÃO PASSO EM CONCURSOS PÚBLICOS?

Ao responder a essa pergunta, você pode estar conseguindo sua vaga de servidor público!

Antes de tudo, vamos analisar alguns pontos:

- Há quanto tempo você estuda para concursos?
- Durante esse tempo, quantos livros/apostilas você comprou?
- Se eu perguntar algo que tenha estudado há algum tempo, você acha que consegue se lembrar de muitas coisas?
- Você acredita que tem estimulado sua memória corretamente?
- Como você se comporta diante da resolução de exercícios? Gosta da hipótese ou a rejeita?
- Quantos concursos você já fez?
- Em qual disciplina você costuma cometer mais erros?
- Qual seu sentimento em relação às suas reprovações? Tristeza ou sensação de aumento de experiência?
- Você considera que tem um local de estudo adequado?
- Até agora, você já foi aprovado em algum concurso?

Muitas vezes, ao olharmos o conteúdo disposto em um edital, temos a sensação de que, se dedicarmos algum tempo àquilo, poderemos ser aprovados. Entretanto, no decorrer do tempo, notamos que nem tudo segue necessariamente essa ordem. E, nessa hora, sentimo-nos entristecidos por estudar tanto e não ter o devido retorno.

Embora as perguntas acima pareçam insignificantes, ao percorrer estas páginas, você será capaz de descobrir seus erros e voltar a alinhar-se na estrada correta do conhecimento. Ao abrir sua mente aos novos ensinamentos, você irá descobrir que não é – e nunca foi – impossível ser aprovado.

Este livro foi elaborado justamente para você, que sabe onde deseja chegar, mas não sabe qual o caminho a tomar.

A porta está aberta. Basta entrar e aproveitar o que está por vir...

LEMBRE-SE: Agora você não está sozinho, e seu objetivo está cada vez mais próximo.

Muitos pressupõem que memória e inteligência são, em síntese, a mesma coisa. Entendem memória e inteligência como propriedades distintas da mente, criando a ideia errônea de que a capacidade de raciocinar independe do conteúdo da memória. Na realidade, o raciocínio só é possível porque se utiliza dos registros de dados e procedimentos anteriormente aprendidos.

Não se raciocina sobre o que não se sabe, e sim sobre o que está na memória. A capacidade de memorização é determinante para a qualidade do raciocínio, e a eficácia do processo de memorização (e de raciocínio, por extensão) depende basicamente de como a pessoa armazena e recupera as informações de forma eficiente.

Diariamente, os cinco sentidos são capazes de perceber milhões de informações, de forma simultânea e continuada. Todavia, poucas informações realmente são registradas eficientemente na memória acessível, ou seja, somente algumas informações podem ser recuperadas de acordo com a vontade da pessoa.

Um dos fatores que determina se a informação será de fácil recuperação é a carga emocional nela contida. Lembrar experiências ligadas a uma emoção muito forte é muito mais fácil do que lembrar fatos corriqueiros que não tiveram representação emocional significativa.

O médico e educador búlgaro Georgi Lozanov descobriu, entretanto, que fatos carregados de emoção somente são memorizados eficientemente porque ficam na mente consciente durante várias horas, permitindo assim que sejam processados e encaminhados ao subconsciente à noite, quando o cérebro opera em níveis mais baixos de frequência (ondas alfa). O que Lozanov propôs foi recriar esse estado "noturno" durante o dia, ou seja, deixar seus alunos em estado alfa para receberem determinadas informações, pois acreditava que, assim, as informações seriam encaminhadas para a memória profunda.

A prática comprovou a sua teoria, e a quantidade de informações retidas na memória dos alunos submetidos a essa técnica aumentou consideravelmente.

CONCURSANDO OU CONCURSEIRO?

Com o passar dos anos, a expressão CONCURSEIRO passou a referir-se à pessoa que transforma a realização de concursos em uma profissão, chegando inclusive a dedicar-se exclusivamente a essa atividade.

Já a expressão CONCURSANDO pode ser entendida como um projeto – com começo, meio e fim – que tem dia e hora determinados para começar e terminar.

A diferença primordial entre essas duas definições encontra-se no estado mental promovido pelas expressões. Enquanto um CONCURSEIRO estuda por tempo indeterminado, o CONCURSANDO possui um projeto eficiente e com tempo determinado, capaz de levá-lo à aprovação, com maior QUALIDADE e menor TEMPO.

E agora? CONCURSEIRO ou CONCURSANDO?

ACELERAÇÃO/AQUECIMENTO

Pequenos exercícios podem acelerar e aquecer o cérebro, possibilitando maior aproveitamento da capacidade de apreensão de conteúdo e superação das dificuldades de todo aluno.

Atenção. Vamos começar o aquecimento!

EXERCÍCIO 1 – CONTAGEM ACELERADA

A partir de agora, conte rapidamente, em voz alta, de 01 a 120. Pronto? Quanto tempo demorou para concluir a contagem?

- 45 segundos é considerado o tempo ideal para que o cérebro comece o processo de aceleração e aquecimento, para torná-lo rápido e eficaz na intenção de aprendizado.

DICA: Faça essa contagem 4 (quatro) vezes por dia, e você modificará suas perspectivas de estudo e de atividade cerebral.

LEMBRE-SE de que esta atividade deve ser realizada ANTES de começar seus estudos!

EXERCÍCIO 2 – TESTE DE MATEMÁTICA

Dada a sequência de 100 (cem) questões de operações básicas de adição, subtração e multiplicação, em quanto tempo consegue resolvê-la?

5	+	4	=	0	+	6	=	2	x	8	=	0	+	1	=
4	x	2	=	5	x	6	=	10	-	3	=	6	x	8	=
8	-	3	=	8	+	16	=	5	-	2	=	5	+	8	=
8	x	3	=	3	+	5	=	7	+	8	=	13	-	6	=
12	-	6	=	0	+	7	=	8	x	9	=	5	x	2	=

7	x	9	=	4	+	6	=	5	-	3	=	3	+	4	=
4	+	5	=	11	-	5	=	6	+	3	=	7	-	4	=
4	x	6	=	9	+	3	=	1	+	4	=	12	-	2	=
6	x	1	=	9	x	3	=	14	-	6	=	5	x	8	=
7	+	11	=	11	-	7	=	9	+	9	=	2	+	12	=

0 x 3 =	3 + 4 =	7 - 5 =	7 x 3 =
1 + 9 =	8 - 6 =	4 + 0 =	9 + 13 =
6 x 6 =	6 x 3 =	7 + 10 =	7 - 3 =
5 x 9 =	4 x 5 =	5 + 8 =	9 - 5 =
5 + 14 =	9 - 8 =	5 x 9 =	6 + 9 =

3 + 8 =	1 + 8 =	7 x 3 =	3 - 3 =
4 x 9 =	6 + 15 =	6 + 13 =	7 x 7 =
3 + 9 =	5 x 1 =	7 - 4 =	16 - 1 =
2 + 2 =	9 + 0 =	6 + 14 =	5 x 7 =
11 - 7 =	3 x 3 =	4 x 3 =	6 x 0 =

7 + 8 =	5 + 6 =	2 + 10 =	9 - 8 =
13 - 4 =	8 - 5 =	3 + 4 =	7 x 9 =
3 + 5 =	2 + 1 =	7 x 5 =	4 + 12 =
2 + 12 =	12 - 5 =	5 + 8 =	7 x 8 =
0 x 5 =	3 + 9 =	4 + 8 =	8 - 4 =

- 2'30" (dois minutos e trinta segundos) é o tempo ideal para resolução do questionário. Quanto menor o tempo utilizado, maior será sua capacidade de resolução de questões de matemática e de raciocínio lógico.

DICA: Nos estudos da noite, quando o sono chegar, resolva exercícios matemáticos e ganhe 40 (quarenta) minutos acordado!

EXERCÍCIO 3 – MEMORIZAÇÃO DE PALAVRAS

Escolha uma sequência com 30 (trinta) palavras e, em 2 (dois) minutos, memorize o máximo que conseguir. Quantas palavras foi capaz de se lembrar?

- Se lembrou 15 palavras, seu desempenho foi REGULAR e precisa ser melhorado.
- Se lembrou de 16 a 20 palavras seu desempenho foi BOM, mas ainda pode melhorar.
- Se lembrou 21 ou mais palavras, seu desempenho foi ÓTIMO. Parabéns!

DICA: A memorização de palavras irá melhorar sua memória e sua capacidade de entendimento dos textos estudados.

EXERCÍCIO 4 – TESTE DE STROOP

Umas das tarefas mais conhecidas e frequentemente utilizadas na avaliação da atenção seletiva é a tarefa de conflito palavra-cor de Stroop (1935). Especificamente, a tarefa de Stroop requer alternar a alocação da atenção entre as duas dimensões do estímulo: nome da cor *versus* cor da tinta na qual o nome é impresso, em função da exigência da instrução "ler a palavra" *versus* "falar a cor da tinta"

AMARELO	AZUL	LARANJA
PRETO	VERMELHO	VERDE
ROXO	AMARELO	VERMELHO
LARANJA	VERDE	PRETO
AZUL	VERMELHO	ROXO
VERDE	AZUL	LARANJA

CAPÍTULO 1

1. DA ORGANIZAÇÃO

É muito comum, nos dias de hoje, quando um edital é publicado, acreditar que, para ser aprovado, basta ler rapidamente seus tópicos, comprar algumas apostilas ou livros e estudar umas horas.

Puro engano! A organização é tudo. Métodos eficientes, estratégias complexas de memorização, horas de estudo, dedicação aos exercícios, o empenho e o sacrifício exigidos para preencher uma vaga no serviço público requerem dedicação ímpar.

O candidato seria um superaluno se conseguisse facilmente essa façanha, de maneira simplificada, mas, dada a deficiente educação tradicional à qual foi submetido, é primordial formular estratégias de abordagem e metodologias de estudo que, com muita disciplina, possibilitem uma aprendizagem rápida, eficiente e de sucesso.

Prestadas as informações necessárias, a partir de agora serão apresentados os instrumentos facilitadores da obtenção de um estudo eficiente, capaz de promover sua aprovação.

Aproveite...
... e seja aprovado!

2. ABRINDO OS FILTROS DA APRENDIZAGEM

Há três elementos centrais que afetam a qualidade da aprendizagem: o ambiente, a estratégia e o conteúdo. O ambiente (escritório, quarto, biblioteca etc.) cria a atmosfera correta para a aprendizagem; a estratégia aponta o método da apresentação; enquanto conteúdo é o assunto abordado.

Segundo Eric Jensen, a "porta" deve estar aberta para a aprendizagem antes da ocorrência da verdadeira aprendizagem. E essa "porta" é essencialmente emocional.

Um dos passos principais para se conseguir essa "abertura" é trabalhar no "comprimento de onda do cérebro direito", e para isso, deve-se reduzir o ritmo cerebral, o que pode ser atingido quando se estuda com o acompanhamento musical.

Se a intenção é ASSIMILAR O CONTEÚDO (entendimento do que se lê), recomenda-se um fundo musical estilo valsas (ternário). Agora, se a intenção é FIXAR O CONTEÚDO (guarda do conteúdo aprendido por longo período), o fundo musical é estilo barroco (quaternário).

1

LEMBRE-SE: O estudo com fundo musical pode aumentar o aprendizado em mais de 60%.

REGRA Nº 1:
ORGANIZE-SE!

3. O ESTUDO E A MÚSICA

Já foi comprovado cientificamente que existe um "estado ótimo" para a aprendizagem, que pode ser obtido por meio do relaxamento bioenergético, associado a uma musicalidade adequada.

A técnica de sugestopedia, desenvolvida na década de 60 pelo psiquiatra educador Georgi Lozanov, baseia-se na ideia de que as informações percebidas pelos sentidos, quando a mente se encontra em estado de relaxamento, são registradas na memória profunda de longo prazo. Lozanov constatou que algumas músicas têm a propriedade de facilitar a memorização de informações no longo prazo, como é o caso da música barroca, por causa de suas 60/70 batidas por minuto. Ouvir música é relaxante porque não cobra "ação intelectual", isto é, não exige raciocínio, provocando a diminuição das ondas cerebrais. Isso ocorre porque a música é percebida pelo ouvido e não tem necessidade de ser "processada" de forma cansativa pela mente. É como se o cérebro "abrisse seus filtros" mais facilmente para a música do que para qualquer outro tipo de informação.

Lozanov estava focado em descobrir por que algumas pessoas tinham uma memória prodigiosa, enquanto outras apresentavam dificuldades para memorizar até mesmo informações básicas. Assim, decidiu recorrer à tese de Jung sobre as consequências da meditação praticada pelos iogues, experimentando mudanças ambientais em suas aulas. Compreendendo o valor terapêutico dessa prática, foi o primeiro a utilizá-la em sala de aula, com resultados animadores, entre os quais:

- o aproveitamento escolar dos alunos submetidos a sessões de relaxamento antes das aulas foi melhorado em até 70%;
- uma mente tensa é sempre dispersiva. Livres das tensões, os alunos conseguiram ter maior poder de concentração;
- a primeira hora que se seguia a uma sessão de relaxamento era altamente favorável a toda e qualquer atividade que dependesse de imaginação e criatividade;
- nos exercícios de relaxamento, os canais que unem o consciente ao inconsciente se tornam intransitáveis, possibilitando um envolvimento mais completo da mente no processo intelectual;
- há relatos de melhora sensível em casos de gagueira e outros problemas fonoaudiológicos. A prática sistemática de relaxamento pode corrigir problemas que vão desde a timidez até crises de euforia;

- os alunos submetidos a uma sessão de relaxamento antes da aula apresentavam uma expressão facial suave, tornando-se mais receptivos e se envolvendo mais facilmente com o assunto a ser estudado.

O excesso de tensão, impróprio para qualquer atividade de introspecção, como a aprendizagem, faz com que o cérebro opere em alta frequência, com até 30 ciclos por segundo. Uma sessão de relaxamento antes das aulas de matemática pode aliviar essa tensão e reestabelecer a tranquilidade necessária para que o aluno enfrente o desafio de aprender.

Lozanov propôs aos alunos que as aulas começassem com uma sessão de relaxamento bioenergético, e os primeiros resultados foram altamente satisfatórios: avaliações regulares apontavam para uma melhoria substancial no nível de aprendizagem da matéria ensinada.

As primeiras experiências com a música clássica associada ao relaxamento bioenergético trouxeram alguns resultados surpreendentes, principalmente em aprendizagem de língua estrangeira. Nos anos 60, a Berlitz era a maior escola de idiomas do mundo e garantia que os alunos podiam aprender 200 palavras após um treinamento de trinta horas. Lozanov relatou em seu livro *Suggestology and Outlines of Suggestopedt* que os alunos búlgaros aprendiam 1.200 palavras por dia e se lembravam de 96,1% delas. Um resultado muito superior.

Segundo Lozanov, esses resultados se deviam, em grande parte, ao estado de vigilância relaxada que se pode alcançar com razoável facilidade e rapidez, a partir de uma técnica bastante simples de relaxamento, por meio de exercícios de respiração profunda, associados a uma música suave como plano de fundo.

O cérebro tem um tempo ideal para processar as informações percebidas pela audição, e o "ritmo" mais lento ou mais acelerado da mensagem é capaz de provocar reações diferentes nas pessoas.

Lozanov constatou que músicas com batidas iguais às ondas cerebrais alfa (60/70 batidas) eram capazes de harmonizar o corpo e a mente abrindo o canal emocional para a supermemória: o sistema límbico do cérebro, que além de processar as informações, permite o acesso do cérebro consciente ao subconsciente. Diminuindo as tensões, a música cria a base para melhorar a capacidade de memorização e ativa de forma bastante eficiente o hemisfério direito do cérebro.

"A música, em geral, pode fazer em minutos o que semanas de aula são capazes de fazer. Certos ritmos musicais ajudam a relaxar o corpo, acalmar a respiração, tranquilizar as vibrações e evocar um estado comedido de vigília relaxada que é o estado melhor receptivo à aprendizagem de novas informações. Mas há uma música especial que se qualifica como muito boa para o aprendizado: a música barroca."

Colin Rose – Psicólogo e escritor

REGRA Nº 2:
ANTES DE COMEÇAR OS ESTUDOS, COLOQUE UMA MÚSICA DE FUNDO.

2

4. VERTICALIZAÇÃO DO EDITAL

A verticalização tem como finalidade fragmentar o conteúdo programático das disciplinas dispostas no edital, facilitando sua visualização, de forma que o candidato consiga identificar separadamente as matérias ali dispostas. Dessa forma, o candidato aprende a fazer manobras [conteúdo *versus* tempo], montando uma estrutura de aprendizagem que lhe proporcione a aprovação.

Ao verticalizar um edital, a relação entre o tempo e o conteúdo poderá distribuir corretamente as horas necessárias para um estudo sequenciado, que aborde toda a disciplina exigida na realização de um concurso público.

MODELO DE VERTICALIZAÇÃO
VERTICALIZAÇÃO DO ULTIMO EDITAL DO TJDFT

15.2.2 CONHECIMENTOS BÁSICOS PARA TODOS OS CARGOS DE NÍVEL SUPERIOR E DE NÍVEL MÉDIO

LÍNGUA PORTUGUESA:
1 Compreensão e interpretação de textos.
2 Tipologia textual.
3 Ortografia oficial.
4 Acentuação gráfica.
5 Emprego das classes de palavras.
6 Emprego do sinal indicativo de crase.
7 Sintaxe da oração e do período.
8 Pontuação.
9 Concordância nominal e verbal.
10 Regência nominal e verbal.
11 Significação das palavras.
12 Redação de correspondências oficiais.

ATUALIDADES:
Domínio de tópicos atuais e relevantes de diversas áreas, tais como política, economia, sociedade, educação, tecnologia, energia, relações internacionais, desenvolvimento sustentável, segurança, artes e literatura, e suas vinculações históricas.

CONHECIMENTOS COMPLEMENTARES PARA O CARGO 1: ANALISTA JUDICIÁRIO – ÁREA: ADMINISTRATIVA

REGIMENTO INTERNO DO TRIBUNAL DE JUSTIÇA DO DISTRITO FEDERAL E DOS TERRITÓRIOS.

LEI DE ORGANIZAÇÃO JUDICIÁRIA DO DISTRITO FEDERAL E DOS TERRITÓRIOS:

Lei n.º 8.185, de 14/05/91, publicada no DOU de 15/05/91, Seção 1, alterada pela Lei n.º 8.407, de 10/01/92, publicada no DOU de 13/01/92, Seção 1; pela Lei n.º 9.248, de 26/12/95, publicada no DOU de 27/12/95, Seção 1; pela Lei n.º 9.699, de 08/09/98, publicada no DOU de 10/09/98, Seção 1; e pela Lei n.º 9.868, de 10/11/99, publicada no DOU de 11/11/99, Seção I.

15.2.5 CONHECIMENTOS ESPECÍFICOS

CARGO 1: ANALISTA JUDICIÁRIO – ÁREA: ADMINISTRATIVA

I NOÇÕES DE ADMINISTRAÇÃO:

1 Noções de administração financeira, de recursos humanos e de material.

2 Matemática financeira: juros simples e compostos; taxas de juros: nominal, efetiva, equivalentes, proporcionais, real e aparente.

3 Noções de Estatística: gráficos e tabelas; médias, moda, mediana e desvio-padrão.

4 Noções de probabilidade.

5 Lei de Responsabilidade Fiscal – Lei Complementar n.º 101/00.

II NOÇÕES DE DIREITO ADMINISTRATIVO:

1 Administração pública como função do Estado.

1.1 Princípios constitucionais explícitos e implícitos da administração pública.

1.2 A reforma do Estado brasileiro. Os quatro setores. Características de cada um. A publicização do terceiro setor (as organizações sociais e as OSCIPS).

1.3 Administração direta (órgãos públicos: conceito, espécies, regime); administração indireta: autarquias, fundações públicas, sociedades de economia mista e empresas públicas. Principais características de cada e regimes jurídicos. O regime das subsidiárias.

2 Poder regulamentar.

2.1 Regulamentos administrativos de execução e autônomos.

2.2 Poder normativo não legislativo e o princípio da legalidade. Regulamentação e regulação.

2.3 Análise do art. 84 da Constituição Federal quanto aos limites do poder regulamentar.

3 Ato administrativo.

3.1 Conceito. Regime jurídico. Espécies.

3.2 Elementos e requisitos.

3.3 Vícios dos atos administrativos.

3.4 Principais classificações dos atos administrativos.

3.5 Procedimento administrativo. Fundamentos constitucionais.

3.6 Contratos, consórcios e convênios.

4 Licitações.

4.1 Fundamento constitucional. Conceito e modalidades.

4.2 Regime de licitações da Lei n.º 8.666/93 e alterações. Dispensa e inexigibilidade.

Revogação e anulação, hipóteses e efeitos.

4.3 Contrato administrativo. Conceito e características. Invalidação.

4.4 Principais espécies de contratos administrativos.

4.5 Inexecução e rescisão dos contratos administrativos.

5 Domínio público.

5.1 Conceito.

5.2 Bens públicos.

III NOÇÕES DE DIREITO CONSTITUCIONAL:

1 Princípios fundamentais.

2 Direitos e garantias fundamentais.

3 Organização do Estado.

4 Poder judiciário: disposições gerais, Supremo Tribunal Federal, Superior Tribunal de Justiça, Tribunais Regionais Federais, Juízes Federais, Tribunais e Juízes do Trabalho, Tribunais e Juízes Eleitorais, Tribunais e Juízes Militares, Tribunais e Juízes dos Estados e do Distrito Federal.

IV NOÇÕES DO PROVIMENTO GERAL DA CORREGEDORIA:

Publicado no DJ, de 24/04/2006, Seção 3, fls.137/151, conforme Portaria GC n. 217, de 19 de abril de 2006:

Do Artigo 1 ao 36;
do artigo 46 ao 75;
do artigo 84 ao 86;
do artigo 98 ao102;
do artigo 118 ao143.

Provimento n.º 2, publicado no DJ de 05/05/06, Seção 3;
Provimento n.º 6, publicado no DJ de 03/08/06, Seção 3;
Provimento n.º 7, publicado no DJ de 11/09/06, Seção 3;
Provimento n.º 8, publicado no DJ de 19/09/06, Seção 3;
Provimento n.º 9, publicado no DJ de 23/10/06, Seção 3;
Provimento n.º 4, publicado no DJ de 13/03/07, Seção 3;
Provimento n.º 8, publicado no DJ de 11/04/07, Seção 3.

REGRA Nº 3:
VERTICALIZE O EDITAL.

5. TABELA CONTEÚDO *VERSUS* TEMPO

MATÉRIA: PORTUGUÊS

	Prim. Semana							Seg. Semana							Terc. Semana							Quarta semana							Quinta semana							Sexta semana						
	S	T	Q	Q	S	S	D	S	T	Q	Q	S	S	D	S	T	Q	Q	S	S	D	S	T	Q	Q	S	S	D	S	T	Q	Q	S	S	D	S	T	Q	Q	S	S	D
1. Compreensão e interpretação de textos.																																										
2. Tipologia textual.																																										
3. Ortografia oficial.																																										
4. Acentuação gráfica.																																										
5. Emprego das classes de palavras.																																										
6. Emprego do sinal indicativo de crase.																																										
7. Sintaxe da oração e do período.																																										
8. Pontuação.																																										
9. Concordância nominal e verbal.																																										
10. Regência nominal e verbal.																																										
11. Significação das palavras.																																										
12. Redação de correspondências oficiais.																																										

6. GRADE HORÁRIA

Ao longo da vida acadêmica, é introduzido na vida do aluno o estudo de multimatérias, o chamado sequenciamento (estudo de várias disciplinas no mesmo dia).

Através desse procedimento, estrutura-se uma grade horária que facilita a aprendizagem, intensificada por meio da diversidade de matérias analisadas. O que se propõe é a organização de uma grade alternada diariamente, de modo a administrar o tempo disponível de acordo com a necessidade/dificuldade de estudo.

Neste capítulo, serão apresentadas algumas sugestões que poderão auxiliar na organização dos estudos. Vamos lá?

Antes de começar, responda às perguntas abaixo:

1) há quanto tempo você não lê um livro, jornal ou revista?
2) há quanto tempo você não faz uma pesquisa em livros/internet?
3) há quanto tempo você não escreve uma carta ou um *e-mail* (bem redigidos e de acordo com as normas gramaticais)?

A falta de leitura é um dos maiores problemas do Brasil. Não sem razão, disse o presidente da Associação Brasileira das Editoras Universitárias, José Castilho Marques Neto. Conforme afirmou ainda Gabriel Perissé, pós-doutor em Filosofia e História da Educação pela Faculdade de Educação da Unicamp, "o que de mais prejudicial pode acontecer com alguém que não tenha o hábito de ler é sua pobreza e insegurança existenciais. A leitura não é, na sua forma legítima, uma fuga da realidade. É uma fuga para a realidade. Mas exige do leitor uma qualidade, um interesse, uma preocupação. Uma pessoa capaz de ler o mundo como uma história terrível, e, no entanto maravilhosa, concilia em si o desconcerto e a esperança, o medo e amor".

Baseado em suas respostas, você deverá elaborar uma grade horária compatível com seu ritmo de estudo, que pouco a pouco, deve ser aprimorado/intensificado.

A elaboração de uma grade horária eficiente passa tanto pela demanda de tempo disponível, quanto pelas habilidades para superação de dificuldades. Estudar muitas horas por dia pode dar a falsa impressão de bom desempenho quando, na verdade, o que vai garantir a aprovação no certame não é a quantidade de horas estudadas, mas sim o nível de compreensão do conteúdo.

Vejamos.

Sua grade horária deve ser estruturada de acordo com as horas disponíveis para estudo.

Supondo que haja apenas 4 (quatro) horas disponíveis diariamente, pode-se montar uma grade com a seguinte estrutura:

HORÁRIO	Das 7 às 8 horas	Das 10 às 11 horas	Das 14 às 15 horas	Das 18 às 19 horas
	DC (15 minutos)	DC (15 minutos)	DC (15 minutos)	DC (15 minutos)
	DA (15 minutos)	DA (15 minutos)	DA (15 minutos)	DA (15 minutos)
	Exercícios	Exercícios	Exercícios	Exercícios
	PORT (15 minutos)	PORT (15 minutos)	PORT (15 minutos)	PORT (15 minutos)
	INFO (15 minutos)	INFO (15 minutos)	INFO (15 minutos)	INFO (15 minutos)
	Exercícios	Exercícios	Exercícios	Exercícios
TOTAL LÍQUIDO DE HORAS ESTUDADAS	1 Hora	1 Hora	1 Hora	1 Hora

Legenda

DC: Direito Constitucional	DA: Direito Administrativo	PORT: Português	INFO: Informática

Observe que o tempo de estudo líquido foi atingido. Perceba que, nessa grade horária, você vai começando a se familiarizar com o conteúdo em pequenos momentos de 15 (quinze) minutos, o que significa que o cérebro não se cansa rapidamente, evitando deste modo a desistência pela chamada Síndrome do Cérebro Cansado. Depois de algum tempo, você deve aumentar o tempo de estudo diário para 2 (horas) horas, particionadas em intervalos de 30 (trinta) minutos, potencializando seu nível de estudo e sua memória.

Essa grade horária, conhecida por BALÃOZINHO, apresenta diversos recursos e benefícios para aprimoramento dos estudos, tais como:

- utilização eficiente do pouco tempo disponível;
- abordagem de, no mínimo, 4 (quatro) disciplinas por dia, com estudo líquido de 1 (uma) hora para cada matéria;
- resolução de pequenas séries de exercícios para finalizar o estudo de cada matéria, sendo indicada ainda a resolução de algumas questões antes de dormir, para se manter o princípio da reminiscência (lembrança);

- treinamento do cérebro, para que ele se acostume ao volume de informações;
- aumento da possibilidade de aprender mais conteúdos em menor espaço de tempo, intensificando os estudos e a aquisição de conhecimento.

LEMBRE-SE: É muito comum ouvir as pessoas alegando que não têm tempo para estudar, mas, observando o método BALÃOZINHO, nota-se que é possível otimizar e racionalizar o tempo disponível. Se a verdadeira intenção é ser APROVADO, reveja seus horários, levante mais cedo, estude em seu horário de almoço, no banheiro, no ônibus. Não importa. Todo momento disponível é importante.

O fardo pode parecer pesado agora, mas a recompensa valerá todo o esforço!

Chegou a hora de começar a ser um VENCEDOR.

MODELO DE UTILIZAÇÃO DE GRADE HORÁRIA SEMANAL - BALÃOZINHO

	Segunda	Terça	Quarta	Quinta	Sexta	Sábado
8:00	Português	Noções de Direito Civil	Português	Noções de Direito Civil	Português	Noções de Direito Civil
8:20	Noções de Direito Administrativo	Noções de Direito Processual Penal	Noções de Direito Administrativo	Noções de Direito Processual Penal	Noções de Direito Administrativo	Noções de Direito Processual Penal
9:00	Noções de Informática	Ética no Serviço Público	Noções de Informática	Ética no Serviço Público	Noções de Informática	Ética no Serviço Público
14:00	Português- lê, e faz exercício	Noções de Direito Civil	Português	Noções de Direito Civil	Português	Noções de Direito Civil
14:20	Noções de Direito Administrativo	Noções de Direito Processual Penal	Noções de Direito Administrativo	Noções de Direito Processual Penal	Noções de Direito Administrativo	Noções de Direito Processual Penal
14:40	Noções de Direito Constitucional	REGIMENTO INTERNO DO TRIBUNAL DE JUSTIÇA DO DISTRITO FEDERAL E DOS TERRITÓRIOS	Noções de Direito Constitucional	REGIMENTO INTERNO DO TRIBUNAL DE JUSTIÇA DO DISTRITO FEDERAL E DOS TERRITÓRIOS	Noções de Direito Constitucional	REGIMENTO INTERNO DO TRIBUNAL DE JUSTIÇA DO DISTRITO FEDERAL E DOS TERRITÓRIOS
15:00	Noções de Informática	Ética no Serviço Público	Noções de Informática	Ética no Serviço Público	Noções de Informática	Ética no Serviço Público
18:00	/portugues- lê,	Noções de Direito Civil	Português	Noções de Direito Civil	Português	Noções de Direito Civil
18:20	Noções de Direito Administrativo	Noções de Direito Processual Penal	Noções de Direito Administrativo	Noções de Direito Processual Penal	Noções de Direito Administrativo	Noções de Direito Processual Penal
18:40	Noções de Direito Constitucional	REGIMENTO INTERNO DO TRIBUNAL DE JUSTIÇA DO DISTRITO FEDERAL E DOS TERRITÓRIOS	Noções de Direito Constitucional	REGIMENTO INTERNO DO TRIBUNAL DE JUSTIÇA DO DISTRITO FEDERAL E DOS TERRITÓRIOS	Noções de Direito Constitucional	REGIMENTO INTERNO DO TRIBUNAL DE JUSTIÇA DO DISTRITO FEDERAL E DOS TERRITÓRIOS
19:00	Noções de Informática	Ética no Serviço Público	Noções de Informática	Ética no Serviço Público	Noções de Informática	Ética no Serviço Público
21:00	Português = flash + exercício	Noções de Direito Civil	Português	Noções de Direito Civil	Português	Noções de Direito Civil
21:20	Noções de Direito Administrativo	Noções de Direito Processual Penal	Noções de Direito Administrativo	Noções de Direito Processual Penal	Noções de Direito Administrativo	Noções de Direito Processual Penal
21:40	Noções de Direito Constitucional	REGIMENTO INTERNO DO TRIBUNAL DE JUSTIÇA DO DISTRITO FEDERAL E DOS TERRITÓRIOS	Noções de Direito Constitucional	REGIMENTO INTERNO DO TRIBUNAL DE JUSTIÇA DO DISTRITO FEDERAL E DOS TERRITÓRIOS	Noções de Direito Constitucional	REGIMENTO INTERNO DO TRIBUNAL DE JUSTIÇA DO DISTRITO FEDERAL E DOS TERRITÓRIOS
22:00	Noções de Informática	Ética no Serviço Público	Noções de Informática	Ética no Serviço Público	Noções de Informática	Ética no Serviço Público

MODELO EM BRANCO - GRADE-HORÁRIA SEMANAL

Segunda	Terça	Quarta	Quinta	Sexta	Sábado

REGRA Nº 4:
MONTE SUA GRADE HORÁRIA

7. LINHA DO TEMPO

Precisamos ser honestos em nossa relação com os estudos. É sabido que muitas pessoas estudam entre 16 e 20 horas por dia, mas a pergunta é: esse tempo é realmente aproveitado?

Estabelecer a linha do tempo é outro recurso indispensável para organização dos estudos. Ao elaborar uma tabela de anotações, você terá ciência do tempo dispendido, da qualidade e da quantidade do estudo realmente realizado.

Por meio da linha do tempo estabelecida, você terá consciência real das horas estudadas, dos tópicos avaliados e dos exercícios realizados.

Modelo:

1) DISCIPLINA E ITENS ESCOLHIDOS		
2) Fez RESUMO?	**Quantidade de Exercícios resolvidos**	**Horas Estudadas**
Data: dd/mm/aaaa		

Aplicação:

PORTUGUÊS: - Compreensão e interpretação de textos. - Tipologia textual - Ortografia oficial		
Fez RESUMO?	**Quantidade de Exercícios resolvidos**	**Horas Estudadas**
Sim	30	2
Data: 31/08/2013		

PASSO A PASSO

1º) Definição da Disciplina e dos itens estudados.

2º) Identificar se foi feito resumo e colocar "sim" ou "não" no espaço correspondente.

3º) Anotar a quantidade de exercícios realizados.

4º) Anotar quantas horas foram gastas.

5º) Registrar a data em que foi realizado o estudo.

Com a tabela acima, à medida que as disciplinas vão sendo abordadas, você segue fazendo anotações a respeito delas, estabelecendo uma cronologia da matéria estudada, por meio de uma sequência afirmativa e disciplinada do esforço desenvolvido.

Como não é possível saber exatamente em quais conteúdos a banca examinadora vai se apoiar para elaborar as questões da prova, é ideal que pelo menos 80% das disciplinas sejam estudadas.

A linha do tempo é uma maneira de visualizar uma lista de atividades em ordem cronológica; é particularmente útil por dar uma ideia das mudanças que ocorrem.

Agora, cada vez que fizer alguma anotação, comece a perceber sua evolução, seu conhecimento, seu crescimento; comece a visualizar o quanto falta para chegar aonde deseja.

MODELO DE TABELA PARA LINHA DO TEMPO

MATÉRIA:

RESUMO	EXERCÍCIO	HORAS	RESUMO	EXERCÍCIO	HORAS	RESUMO	EXERCÍCIO	HORAS

RESUMO	EXERCÍCIO	HORAS	RESUMO	EXERCÍCIO	HORAS	RESUMO	EXERCÍCIO	HORAS

RESUMO	EXERCÍCIO	HORAS	RESUMO	EXERCÍCIO	HORAS	RESUMO	EXERCÍCIO	HORAS

REGRA Nº 5:
FAÇA ANOTAÇÕES SISTEMATIZADAS DOS ESTUDOS

8. ÍNDICE DE APRENDIZAGEM DE MATÉRIA

A partir da aplicação das atividades descritas anteriormente, você começa a ter uma noção ampliada do edital a ser estudado, e do quão capaz é de atingir seu alvo. E para isso, vale lembrar que sem um controle específico, apenas 20% do tempo e do conteúdo serão aproveitados.

Ao utilizar a tabela de índice de aprendizagem, verifica-se claramente um aumento considerável no percentual de acertos de determinada disciplina.

O índice de aprendizagem de matéria é um formulário que avalia o quanto se aprendeu e o quanto se precisa estudar para completar um conteúdo. Enquanto a linha do tempo é um instrumento utilizado para organizar o cronograma de estudo, o índice de aprendizagem da matéria mostra a porcentagem de acertos (e de aprendizagem), e a visualização dos pontos a serem melhorados.

Vejamos como elaborar um modelo de anotação.

1º) Coloque o conteúdo verticalizado no centro da tabela.
2º) Anote a quantidade de questões a serem resolvidas, por item.
3º) Divida 100% pela quantidade de itens a serem estudados, para que se tenha noção do peso de cada um, em termos percentuais.
4º) Efetue o cálculo do Índice de Aprendizagem, conforme especificado abaixo.

TAM (Tabela de Aprendizagem da Matéria)		
Nº de exercícios a serem realizados	**Tópicos a serem estudados**	**Porcentagem aprendida**
30	Compreensão e interpretação de textos	8,333%
30	Tipologia textual	8,333%
30	Ortografia oficial	8,333%
30	Acentuação gráfica	8,333%
30	Emprego das classes de palavras	8,333%

30	Emprego do sinal indicativo de crase	8,333%
30	Sintaxe da oração e do período	8,333%
30	Pontuação	8,333%
30	Concordância nominal e verbal	8,333%
30	Regência nominal e verbal	8,333%
30	Significação das palavras	8,333%
30	Redação de correspondências oficiais	8,333%
Total de exercícios		**Porcentagem total**
420 (100% das questões propostas)	**Cálculo do IAM = 100%**	**100,00%**

Para calcular o Índice de Aprendizado da Matéria, deve-se efetuar a seguinte operação:

$$IAM = \frac{PRQP+PA}{2}$$, onde

PRQP = percentual de realização das questões propostas
PA = porcentagem aprendida.

Vejamos como isso funciona na prática:

EXEMPLO 1:
Se você fez as 420 questões, então seu PRQP = 100%.
Se você acertou todas as questões, então seu PA = 100%.
Desse modo:

$$IAM = \frac{100+100}{2} = 100$$

Ou seja, seu Índice de Aprendizado da Matéria é de 100%.

EXEMPLO 2:

Se você fez 350 questões, então seu $PQP = \frac{350}{420} * 100 = 83,33\%$

Se você acertou 300 questões, então seu $PA = \frac{300}{420} * 100 = 71,43\%$

Desse modo:

$$IAM = \frac{83,33+71,43}{2} = 77,38$$

Ou seja, seu Índice de Aprendizado da Matéria é 77,38%, e pode ser melhorado.

Em vez de firmar-se na crença de que está realmente bom por estudar todos os dias, você afere seus resultados com exatidão, buscando melhores resultados dentro de uma lógica racional.

Para que os estudos sejam continuados e aproveitados, o binômio exercício/conteúdo tem que ser checado periodicamente. Quanto mais exercícios for capaz de resolver, maiores serão suas possibilidades de aprovação.

6

REGRA Nº 6:
PARA MEDIR SEU RENDIMENTO, CALCULE O ÍNDICE DE APRENDIZADO DA MATÉRIA

9. BATE-PRONTO ANOTAÇÕES INTELIGENTES

Brain Storming ("Tempestade Cerebral") é uma atividade desenvolvida para explorar a potencialidade criativa de um indivíduo ou de um grupo, colocado-a a serviço de objetivos pré-determinados. Desse modo, essa ferramenta funciona como um poderoso revisor, pois, além de relembrar a matéria estudada, é capaz de apontar as deficiências evidentes.

Mas como criar essas "Tempestades Cerebrais"?

Ao mostrar quais pontos precisam ser reforçados, seu cérebro armazena novos dados, cria ramificações poderosas, conecta-se a outros neurônios e estabelece uma rede de informação.

Com o passar do tempo, ao observar o comportamento de alguns alunos, percebeu-se que a maior parte lançou mão de procedimentos que não os auxiliaram no entendimento das matérias estudadas. Vejamos se você se enquadra em algum deles:

- sublinhar trechos longos (longos trechos marcados impedem que se recuperem rapidamente as ideias essenciais);
- utilizar caneta marca-texto (a cor forte provoca cansaço nos olhos e distrai a visão do conteúdo como um todo);
- acreditar que está fazendo resumos, quando na verdade apenas está copiando (*ipsis litteris*) exatamente as mesmas palavras do texto, sem raciocinar sobre elas.

Então, como fazer isso dar certo?

As anotações inteligentes são rápidas, coesas e coerentes, de modo que você consiga alcançar a necessária compreensão do assunto, sendo facilitada a extração das ideias do texto.

O chamado bate-pronto é uma estratégia que tem por finalidade motivar a aprendizagem instantânea do cérebro, desenvolvendo as suas funções visual, auditiva e cinestésica, sendo desenvolvido através dos seguintes passos.

1º) Para começar, escolha um parágrafo e proceda à leitura.

2º) Feita a primeira leitura, rapidamente feche o livro e faça um esforço mental para construir uma frase de no máximo 15 (quinze) palavras, mas sem que a ideia contida naquele parágrafo seja perdida.

3º) Escolha 2 (duas) palavras-chaves no parágrafo.

4º) Faça um desenho que possa expressar o assunto. E atenção. Saiba que esse desenho será utilizado mais adiante, na confecção dos marcadores de memória.

EXEMPLO PRÁTICO:

1º) Leia o texto a seguir.

> "A priori, podemos dizer que a ética se dá pela educação da vontade. Segundo Marilena Chauí em seu livro Convite à Filosofia (2008), a filosofia moral ou a disciplina denominada ética nasce quando se passa a indagar o que são, de onde vêm e o que valem os costumes. Isto é, nasce quando também se busca compreender o caráter de cada pessoa, isto é, o senso moral e consciência moral individuais. Segundo Chauí, podemos dizer que o Senso Moral é a maneira como avaliamos nossa situação e a dos outros segundo ideias como a de justiça, injustiça, bom e mau. Trata-se dos sentimentos morais. Já com relação à Consciência Moral, Chauí afirma que esta, por sua vez, não se trata apenas dos sentimentos morais, mas se refere também a avaliações de conduta que nos levam a tomar decisões por nós mesmos, a agir em conformidade com elas e a responder por elas perante os outros. Isso significa ser responsável pelas consequências de nossos atos."

2º) Feita a primeira leitura, rapidamente feche o livro e faça um esforço mental para construir uma frase de no máximo **15 (quinze)** palavras, mas sem que a ideia contida naquele parágrafo seja perdida.

A ética não descreve o modo como as pessoas pensam ou se comportam, mas a maneira como as pessoas devem pensar e se comportar.

3º) Escolha 2 (duas) palavras-chaves no parágrafo.

Ética e Moral

4º) Faça um desenho que possa expressar o assunto. E atenção. Saiba que este desenho será utilizado mais adiante, na confecção dos marcadores de memória.

Veja quantas atividades mentais você vai colocar em prática ao elaborar um BATE-PRONTO:

1º) memorizar o assunto e as palavras;
2º) montar uma frase com, no máximo, 15 palavras;
3º) definir palavras-chaves, o que significa associar todo o tema a 2 (duas) palavras que lhe façam lembrar dele;
4º) fazer um desenho para simbolizar todo o processo de criação do assunto.

LEMBRE-SE: Agora que entende como isso funciona, aos poucos, vá aumentando a quantidade de parágrafos resumidos, até que consiga sintetizar um texto inteiro em uma frase com 15 palavras, palavras-chaves e desenhos.

REGRA Nº 7:
SEMPRE FAÇA RESUMOS!

Se chegou até aqui, ótimo! Continue a caminhar...

10. LEITURA DINÂMICA

O cérebro humano consegue atingir velocidades impressionantes na leitura dinâmica. Se você já leu entre 75 e 275 palavras por minuto, então você tem uma boa leitura! Agora, se pretende evoluir, saiba que é possível melhorar o processo de leitura dinâmica por meio do método desenvolvido pela professora americana Evelyn Wood, na década de 50.

A Leitura Dinâmica é um treinamento adequado para os estudantes, que podem atingir velocidades impressionantes de leitura. Quanto mais você treinar, maior será seu aproveitamento, e em menor tempo.

Saindo da teoria e partindo para a prática, como você pode aprender a fazer uma leitura dinâmica?

A resposta é simples.

Sente-se à mesa confortavelmente, colocando o texto a uma distância de 50cm dos olhos, com boa iluminação e, com um lápis na mão, leia linha a linha. Caso prefira, use o dedo indicador ou uma régua. Cronometre um minuto e leia o máximo que conseguir. Encerrado o tempo, conte quantas palavras foi capaz de ler e veja onde se enquadrou:

- se em 1 minuto conseguiu ler 100 palavras, em 30 minutos conseguirá ler 3.000 palavras;
- se em 1 minuto conseguiu ler 200 palavras, em 30 minutos conseguirá ler 6.000 palavras;
- se em 1 minuto conseguiu ler 300 palavras, em 30 minutos conseguirá ler 9.000 palavras.

IMPORTANTE SABER: O lápis é um substituto da pauta (linha), que deixa de existir nos livros, apostilas, revistas e jornais. Um texto sem pauta dificulta a aprendizagem, pois, ao fazer a leitura, os olhos passam para o cérebro uma imagem fechada da página, absorvendo de 4 a 5 linhas por vez. Ao utilizar o lápis, o cérebro passa a ler linha por linha, e dessa forma, é aumentada a compreensão do que está sendo lido.
O cérebro funciona como um funil e, ao fazer este exercício 3 (três) vezes ao dia, você aumenta sua capacidade de leitura/apreensão de conhecimentos e por consequência, gastará menos tempo para estudar.

11. JANELAS DE APRENDIZAGEM/OPORTUNIDADES

As janelas de oportunidades são os momentos mais propícios de estimulação do cérebro, para que o aluno assimile informações de determinada natureza (SAMARA, 1998).

Colocar isso em prática significa que você deve entender em qual momento do dia seu cérebro está apto ao aprendizado de determinada disciplina.

Ao entender como funciona seu cérebro, você se transformará em um potencial concorrente. Através da leitura dinâmica, utilizada nas janelas de aprendizagem, será possível aprender mais em menor tempo.

O que temos que levar em consideração é que cada aprendizado altera a estrutura física do cérebro. Cada novo aprendizado implica alguma alteração estrutural. "Os genes podem dar o potencial de inteligência. Mas é preciso haver um estímulo do ambiente para silenciar ou não os genes e moldar a arquitetura do cérebro" (VERNY, 2004, p. 28).

A modificação estrutural do cérebro frente ao aprendizado é de tal ordem, que o cérebro a cada dia é totalmente diferente do que foi no dia anterior. Muda muita coisa, mas não muda algo de fundamental, que é a consciência de cada um.

Em um plano geral de funcionamento, o sistema nervoso recebe o estímulo (visual, auditivo, tátil, olfativo, gustativo) e o transmite, analisa, armazena e, associando-o a outros estímulos armazenados, pode planejar uma resposta e agir. Para Funayama, cada momento destes é único em cada ser, pois a complexidade de sua formação faz transformar tudo que nele chegue.

O desenvolvimento cerebral e psicológico envolve uma interação saudável entre o indivíduo e o meio ambiente.

E o que você deve fazer para descobrir seu melhor horário?

A tabela abaixo foi desenvolvida para que você descubra suas janelas de aprendizagem. Ao fazer sua leitura dinâmica, marque seu tempo e preencha nos espaços determinados. Se por exemplo você conseguiu ler 100 palavras, coloque na tabela em qual horário foi alcançado o resultado, se manhã (M), Tarde (T) ou noite (N). Dessa forma, aos poucos, você vai descobrir suas melhores janelas de aprendizagem, determinando assim, os horários mais eficientes para o estudo.

Ao final da tabela, no espaço “Reconhecimento de palavras”, você deve anotar o número de palavras que consegue lembrar depois de finalizada a leitura. Se, por exemplo, conseguir se lembrar de 40 das 100 palavras lidas, coloque na tabela a quantidade lembrada, e em qual período.

REGRA Nº 8:
DESCUBRA SEUS MELHORES HORÁRIOS PARA ESTUDO.

Velocidade (PPM)							Gráfico de Progresso								
	N														
800	T														
	M														
	N														
700	T														
	M														
	N														
600	T														
	M														
	N														
500	T														
	M														
	N														
400	T														
	M														
	N														
300	T														
	M														
	N														
200	T														
	M														
	N														
100	T														
	M	20h													
Dias		1	2	3	4	5	6	7	8	9	10	11	12	13	14
Data															

Reconhecimento de palavras															
		1	2	3	4	5	6	7	8	9	10	11	12	13	14
	N														
	T														
	M	40													

CAPÍTULO 2
PALAVRAS-CHAVES E ACRÔNIMOS

Palavra-chave é o termo que sintetiza as ideias importantes do texto, traduzindo o sentido de um contexto. Ou ainda, aquela que traz à memória imediatamente determinados acontecimentos e/ou conteúdos, sendo sua utilização um facilitador na vinculação de um acontecimento a uma série de acontecimentos.

Quando quiser encontrar as palavras-chaves de um texto, você pode fazer as seguintes perguntas depois de ler e/ou escrever:

Quais palavras eu digitaria no Google, se eu quisesse achar esse texto,?
Qual (Quais) é(são) a(s) palavra(s) que define(m) esse texto?

DICA: Ao marcar as palavras-chaves, faça anotações à margem com a ideia que elas concentram.

Já os acrônimos são palavras formadas pelas letras ou sílabas iniciais de várias outras palavras, e que se pronunciam sílaba a sílaba e não letra a letra, como ONU (Organização das Nações Unidas). No caso em questão, concursos públicos, os acrônimos são utilizados para lembrar uma série de informações, como os princípios constitucionais previstos no artigo 37: LIMPE, que remete às palavras legalidade, impessoalidade, moralidade, publicidade e eficiência.

Assim, para facilitar os estudos, lembre-se de colar seus acrônimos em lugares bem visíveis, a exemplo de *outdoor*, onde a ideia vem cercada por imagens e palavras.

L *egalidade*
I *mpessoalidade*
M *oralidade*
P *ublicidade*
E *ficiência*

CAPÍTULO 3

1. MAPA DE CORNELL

O método Cornell de anotações foi criado em 1950 por Walter Pauk, professor da Universidade Cornell, que defendeu o uso do seu método no livro *Study in College* (Como estudar na faculdade).

O método de Cornell se baseia na divisão da folha em 3 (três) zonas, conforme tabela:

Na área laranja, o aluno deve anotar suas dúvidas com relação ao tema. PALAVRAS-CHAVES

Na área azul, o aluno deve fazer suas anotações tão resumidamente quanto possível, mas sem perder a clareza.

Na área amarela, o aluno deve fazer um breve sumário do conteúdo com as ideias principais e em frases curtas, incluindo a data e local da aula, tema, pontos principais. Isso facilita a localização dos pontos registados e a gama de informações recebidas em sala de aula.

O uso do método de Cornell traz diversas vantagens, como condensar e organizar de forma sistemática suas anotações de aulas e palestras, assim como estruturar os estudos para provas e concursos. Através do método de Cornell, você pode identificar rapidamente o conteúdo, já que a disposição e o visual das anotações são bem agradáveis.

O simples hábito de tomar notas, em si, já é um grande aliado da memorização e da capacidade de posteriormente recuperar a informação e, ao utilizar o referido método, você pode criar um modelo de estudo, por exemplo, tapando a área azul, e tentar relembrar o conteúdo através das palavras-chaves colocadas na área amarela.

Se você gostou do **método de Cornell**, aproveite a oportunidade para seguir o conceito dos 5 Rs para anotações:

- **REGISTRE**: com letra legível, anote as ideias principais da palestra/aula na área de anotações;
- **REDUZA**: após as anotações, resuma de forma concisa as ideias principais na área de tópicos. Ao resumir, você estará relacionando e reforçando a memória, além de já ser uma forma de se preparar para as provas;
- **RECITE**: ao cobrir as anotações do lado direito, você pode usar os tópicos do lado esquerdo para relembrar as ideias que foram abordadas durante a aula. Esse procedimento o ajudará a gravar as informações em sua memória;
- **REFLITA**: refletir através de suas próprias anotações organizará e estruturará melhor as ideias e conceitos, elevando a experiência em aprender a um grau mais contínuo e eficaz;
- **REVISE**: em poucos minutos por semana, você será capaz de revisar a maior parte do que você aprendeu, a fim de usar seu conhecimento de forma mais efetiva.

Como você tem necessidades para melhorar seus estudos, turbinamos o Mapa de Cornell, de forma a atingir um maior rendimento.

MÉTODO DE CORNELL REESTRUTURADO

Insira aqui o tópico escolhido.	Nome: Data:
Insira aqui as palavras-chaves e perguntas: Quando elaborar esta etapa? Depois da aula/ leitura.	Insira aqui o CONTEÚDO- as anotações e respostas às perguntas previamente formuladas em seus estudos (lembre-se: a frase com a resposta da pergunta deve ter no máximo 15 (quinze) palavras). Quando elaborar esta etapa? Durante a aula/leitura.
Insira aqui seu resumo/recital: Quando elaborar esta etapa? Depois da revisão.	

- Exercício de verificação de conteúdo, feito através das provas de diversas bancas.
- Pesquisa com Resposta Justificada – PRJ (Processo de busca do conhecimento correto, exato, limpo).

2. PASSO A PASSO PARA CONSTRUÇÃO DO MAPA CORNELL

2.1 COMO MODELAR AS PERGUNTAS

O que vou aprender com este assunto?
O que eu sei sobre o assunto estudado?

2.2 COMO DEVEM SER TRATADAS AS RESPOSTAS

Ao realizar os estudos e obter as respostas às suas dúvidas, faça exercícios de bancas. Assim, poderá averiguar se seu estudo foi eficaz.

Quando errar as questões, realize a PRJ, e volte ao texto original, somente no conteúdo que originou a dúvida para a resposta (parágrafo ou artigo de lei).

2.3 COMO ELABORAR O RESUMO/RECITAL

Após a verificação das anotações, através dos exercícios, das dúvidas sanadas por meio da PRJ, passe a escrever, de forma sucinta, o resumo, que deve possuir, no máximo, 6 (seis) linhas.

Para promover uma aprendizagem de qualidade, realize o procedimento denominado RECITAL.

O RECITAL será realizado da seguinte maneira: 1) leia em voz alta a primeira frase do seu resumo; 2) vá a um local silencioso e repita essa frase, de olhos fechados, em voz alta; 3) leia, em voz alta, a primeira e a segunda frase do seu resumo, e vá a um quarto escuro para repeti-las em voz alta; 4) faça isso até terminar o texto.

LEMBRE-SE: Sistematizar as anotações facilita a revisão de conteúdos e economiza tempo, pois não é preciso passar o texto a limpo.

CAPÍTULO 4

1. UTILIZANDO *FLASHCARDS*

Esta técnica é recomendada para memorizar informações pontuais e importantes, como datas, nomes e vocabulário de línguas. *FLASHCARDS* são pequenos cartões, com uma informação de cada lado (pergunta e resposta), que podem ser feitos manualmente ou através de sites.

Os *FLASHCARDS* funcionam por dois grandes motivos:

1º) respeitam o fenômeno da reminiscência (lembrança);
2º) utilizam melhor o tempo livre, visto que os cartões podem ser consultados em qualquer lugar, como paradas de ônibus, salas de espera etc.

Os *FLASHCARDS* foram introduzidos na aprendizagem nos anos 70, pelo cientista alemão Sebastian Leitner, que os utilizava da seguinte maneira: cada cartão continha uma pergunta de um lado e no verso a resposta. Ao ler a pergunta, o estudante verificava se sabia a resposta. Caso afirmativo, o cartão era movido para o bloco de cartões já estudados. Caso o estudante desconhecesse a resposta, o cartão era movido para o bloco de cartões a serem revistos posteriormente.

LEMBRE-SE: Ao montar seus *FLASHCARDS*, siga as dicas abaixo.

1. **Mantenha seus *FLASHCARDS* simples.**
2. **Escolha um tema central.**
3. **Utilize imagens para criar pistas visuais.**
4. **Amplie o número de cartas e crie vínculos entre os assuntos.**
5. **Use palavras-chaves.**
6. **Depois de um tempo, embaralhe seus *FLASHCARDS*.**
7. **Teste os seus conhecimentos.**
8. **Utilize o resumo do Mapa de Cornell como *FLASHCARDS*.**

REGRA Nº 9:
FAÇA USO DAS PALAVRAS-CHAVES, ACRÔNIMOS, *FLASCHARDS* E MAPA DE CORNELL

CAPÍTULO 5

1. NOVOS MÉTODOS

Depois de utilizar e avaliar diversas técnicas para estudo, decidi criar alguns modelos de abordagem que facilitarão ainda mais sua capacidade de superação. São métodos simples, que nada mais são que um modo diferente de ver as mesmas coisas.

Pois bem! Vamos lá?

2. PINGA FOGO

O método PINGA FOGO equivale a uma prova oral. Para utilizá-lo, entregue a um colega algumas questões, para que ele dirija as perguntas a você, que por sua vez, tentará respondê-las corretamente, sem material de apoio. Ao final, será feita a correção, sendo analisados os fatores do erro (se as falhas foram decorrentes da falta de conteúdo estudado ou pela falta de entendimento dos conceitos estudados).

A partir desse diagnóstico, através da identificação dos erros e de sua origem, você avaliará como a matéria deve ser retomada, de modo a suprir as deficiências apresentadas.

3. PESQUISA POR ASSUNTO E PESQUISA COM RESPOSTA JUSTIFICADA

A PESQUISA POR ASSUNTO (PPA) é a forma de rever a maneira como está se estudando uma disciplina. Quando as perguntas feitas oralmente são lançadas, você consegue identificar que não tem domínio de um determinado assunto, que necessita ser aprofundado. A PPA tem a finalidade mostrar quais pontos devem ser revistos.

Exemplo de aplicação:
Disciplina: Português
Se o aluno apresenta dificuldades na disciplina (Português) como um todo, utiliza-se A PESQUISA POR ASSUNTO, onde todo o conteúdo é retomado.

Já a PESQUISA COM RESPOSTA JUSTIFICADA (PRJ) se remete a um item específico de uma determinada disciplina. Ao responder um questionário sobre determinado tema, você percebe sua deficiência (dúvida) e retoma o conteúdo a fim de aperfeiçoar seu entendimento e compreensão sobre ele.

Exemplo de aplicação:
Disciplina: Português Subitem: crase
Se o aluno apresenta dificuldades no item "crase" como um todo, utiliza-se A PESQUISA COM REPOSTA JUSTIFICADA, onde somente o item é retomado.

4. POTE

POTE é uma estratégia utilizada quando você não tem um companheiro de estudo e precisa conferir os resultados de seu trabalho.

É um procedimento extremamente simples:

- em um POTE qualquer, coloque múltiplas perguntas de uma prova, devidamente selecionadas por assunto;
- vá sorteando as perguntas e tentando respondê-las para verificar seu nível de conhecimento.

5. CONFERÊNCIA

A CONFERÊNCIA é uma parte do processo em que você deve manter um diálogo com outras pessoas que estejam estudando para o mesmo concurso ou que tenham o mesmo nível de conhecimento, visando um ganho significativo sobre o conteúdo.

Reconhecer a necessidade de interação com os demais o leva a subir degraus na conquista de seu objetivo. Através dela, você torna possível o maior volume de informações convergirem para a obtenção de um novo conhecimento ou a ampliação do mesmo, bem como para o reforço ou correção de conteúdos abordados.

Para se tornar um conferencista, convide amigos para um bate-papo. Inicie a sessão com uma breve explicação sobre um tema, estimulando os colegas a darem suas opiniões e incentivando a troca de conhecimentos. Promova debates entre o grupo e estimule o diálogo amigável, para que a conferência tenha um aspecto de reforço de ideias.

Faça jogos didáticos. Crie e recrie, para que todos possam sair com bons resultados.

6. REVISÃO

Enquanto a CONFERÊNCIA consiste em um estudo coletivo, a REVISÃO é um processo relacionado ao tempo em que você volta a ter contato com a matéria estudada.

Muitos alunos têm o hábito de estudar uma matéria e simplesmente não revê-la, ou revê-la somente depois de muitos dias, o que consiste num grande erro. O correto é que você reveja a matéria no mínimo uma vez ao dia. Fazendo isso, serão ampliados os conhecimentos e também o tempo de armazenamento na memória.

CAPÍTULO 6

1. DESENVOLVENDO A MEMÓRIA

Até agora, falamos de técnicas apropriadas de aprendizagem, mas o que devemos realmente trabalhar para colocar tudo isso em prática? Isso mesmo, acertou quem pensou na MEMÓRIA.

Ao longo dos anos, cada vez mais nos convencemos que a memória humana é definitivamente surpreendente: todos os dias pessoas aprendem vários idiomas, a tocar instrumentos musicais, a dançar, a lutar, enfim. A todo o instante a memória se sobressai.

Tomando como foco o trabalho proposto, é importante esclarecer que existem vários processos de memória, sem os quais nenhum homem conseguiria viver, e aqui falamos da linguagem, da escrita, da criatividade, de tudo.

Vejamos as variáveis da memória, para que saibamos qual delas precisamos incentivar o desenvolvimento:

- MEMÓRIA EPISÓDICA: aquela em que ficam guardadas as experiências vividas, os acontecimentos experimentados;
- MEMÓRIA SENSORIAL: aquela em que os cinco sentidos (visão, audição, paladar, olfato e audição) percebem a informação. Como o próprio nome diz, através dos sentidos;
- MEMÓRIA DE CURTO PRAZO: aquela que guarda a informação por pouco tempo;
- MEMÓRIAS SEMÂNTICAS: é a memória ligada aos conceitos atemporais, ou seja, informações relacionadas a conhecimentos gerais, conceitos, significados de palavras, etc, que não tenham referência espacial ou temporal específicas. Exemplo: ao sofrer amnésia, o indivíduo esquece seu nome, mas continua se lembrando o que é uma cadeira;
- MEMÓRIA PROCESSUAL/CINESTÉSICA: é aquela que acionamos de forma automática, processual, quando, por exemplo, quando dirigimos ou andamos de bicicleta. Nós apenas realizamos a atividade, sem ficar pensando na sequência de processos que utilizamos para isso;
- MEMÓRIA VISUAL/AUDITIVA: é a memória que armazena dados a partir do ver e ouvir. Memória muito desenvolvida por artistas, que guardam informações que devem ser reproduzidas posteriormente.

- MEMÓRIA PRIMING: refere-se à rede de conhecimento que o cérebro ativa perante um estímulo, seja ele palavra, som, imagem, etc, ou seja, representa toda associação feita a um determinado estímulo captado pelos sentidos.

Com os conceitos apresentados, a proposta é que você busque o desenvolvimento diário de sua memória, de modo a guardar cada vez mais informações, conforme rotinas a seguir:

- na primeira semana, após o estudo de um dia, comece realizando revisões de pequeno porte, de 15 a 20 minutos, a cada 24 horas (por exemplo, todos os dias por volta das 22 horas), com o intuito de buscar um contato permanente com o conteúdo estudado. Lembre-se de que a matéria deve ser revisada **TODOS OS DIAS**, pelo menos uma vez, pois seu domínio passa obrigatoriamente por este percurso. Feito isso, com o passar do tempo, sugere-se o acréscimo de 5 minutos a cada semana, sendo viabilizada uma revisão de no máximo 2 horas por noite;
- na segunda semana, depois de já ter se acostumado ao processo de revisão, você deve aprender a buscar em sua memória, informações que ali foram depositadas, reforçando esse caminho de acesso. Vejamos um exemplo, em que o dia foi dividido em três períodos (manhã, tarde e noite): às 7 horas da manhã, releia o resumo ou as palavras-chaves do conteúdo estudado no dia anterior; às 12 horas, você novamente buscará o resumo, mas sem revisar o que foi estudado no período da manhã (das 8 às 12h); do mesmo modo, às 18 horas, será revisto o conteúdo anterior, mas sem revisar o que foi estudado no período da tarde (14 às 18h); de igual modo, às 22 horas, você revê o resumo, mas sem verificar o que foi estudado no período da noite (das 18 às 21h). Lembre-se apenas de sempre fazer a revisão pelo menos 1 (uma) hora antes de dormir, de modo que os horários sejam adaptados à realidade de cada um. Na manhã seguinte, repita todo o procedimento.

DICA: Melhore a sua memória e muitas capacidades e competências também serão melhoradas.

REGRA Nº 10:
FAÇA REVISÕES DIARIAMENTE, SEMPRE.

Chegamos ao fim do livro, mas é a partir daqui que iniciaremos sua conquista...

Quer mesmo passar em um concurso?

Então NUNCA ESQUEÇA:

REGRA Nº 1:
ORGANIZE-SE!

REGRA Nº 2:
ANTES DE COMEÇAR OS ESTUDOS, COLOQUE UMA MÚSICA DE FUNDO.

REGRA Nº 3:
VERTICALIZE O EDITAL.

REGRA Nº 4:
MONTE SUA GRADE HORÁRIA.

REGRA Nº 5:
FAÇA ANOTAÇÕES SISTEMATIZADAS DOS ESTUDOS.

REGRA Nº 6:
PARA MEDIR SEU RENDIMENTO, CALCULE O ÍNDICE DE APRENDIZADO DA MATÉRIA.

REGRA Nº 7:
SEMPRE FAÇA RESUMOS!

REGRA Nº 8:
DESCUBRA SEUS MELHORES HORÁRIOS PARA ESTUDO.

REGRA Nº 9:
FAÇA USO DAS PALAVRAS-CHAVES, ACRÔNIMOS, *FLASCHARDS* E MAPA DE CORNELL.

REGRA N° 10:
FAÇA REVISÕES DIARIAMENTE, SEMPRE.

REFERÊNCIAS

7 tipos de memória do ser humano. Disponível em: <http://psicologia-ro.blogspot.com.br/2012/09/7-tipos-de-memoria-do-ser-humano.html> Acesso em: 6 nov. 2013.

FARIAS, Gérson Carneiro de. O que os bebes sabem? Um modo diferenciado de pensa-los. Pensar e prática, v. 11, n. 2, 2008. Disponível em: http://www.revistas.ufg.br/index.php/fef/article/view/2396/4068>. Acesso em: 10 jul. 2010.

FU, Alessandra. 7 técnicas de memorização com flashcards. Exam Time. Disponível em: < https://www.examtime.com/pt-BR/blog/7-tecnicas-de-memorizacao-com-flashcards/>. Acessado em: 28 out. 2011.

IZQUIERDO, Ivan Antonio. Memórias. 2ª Edição. São Paulo. Artmed, 2011.

JENSEN, Eric. Enriqueça o cérebro. Como maximizar o potencial de aprendizagem de todos os alunos. São Paulo. Penso, 2011.

LOZANOV, Georgi (1984). Suggestologie et éléments de suggestopédie. Montréal: Science et cultures.

LOZANOV, Georgi & GATEVA, Evelyna (1988). The Foreign Language Teacher's Suggestopedic Manual. New York: Gordon and Breach Science Publishers.

LOZANOV, Georgi (1978). The Suggestopaedic Method of Teaching Foreign Languages. Dublin:Atesol.

LOZANOV, Georgi (1975). The Suggestological Theory of Communication and Instruction. Suggestology and Outlines of Suggestopaedit. Sofia, Vol 1,3.

MENEGAZZO, Renato·Fernando. Janelas de oportunidades são caminho para aprendizagem: um estudo de caso. 2012. Monografia (Conclusão do curso de pós-graduação em psicopedagogia Clínica e Institucional). Disponível em <http://www.abpp.com.br/artigos/124.pdf>. Acessado em 14 de julho de 2013.

MÉTODO Cornell de anotações. Disponível em > Disponível em <http://www.mlspsicopedagogia.com/page_53.html> Acesso em 15 set. 2010.

ROBERT, Dilts. TOOD, A. Esptein. Aprendizagem dinâmica 2. São Paulo. Summus, 1999.

SAMARA, H. As janelas de oportunidade e o papel da Educação Infantil no séc. XXI. Disponível em <http://www.escolamobile.com.br/as-janelas--de-oportunidade-e-o-papel-da-educacao-infantil-no-sec-xxi/. Acessado em 10 de janeiro de 2014.

VERNY, Thomas. Bebês do amanhã: arte e ciência de ser pais. São Paulo: Millenium, 2004. Disponível em <http://smaris.edu.ec/wp-content/uploads/2012/05/WP-140512-1822.png> Acessado em 31 de agosto de 2010.

TAREFAS DE CONFLITO PALAVRA-COR DE STROOP. Disponível em > https://www.google.com.br/url?sa=t&rct=j&q=&esrc=s&source=web&cd=8&cad=rja&ved=0CG8QFjAH&url=http%3A%2F%2Fwww.teses.usp.br%2Fteses%2Fdisponiveis%2F59%2F59134%2Ftde-07052002-112218%2Fpublico%2FParte3_Estudo1.pdf&ei=tufdUonEBuqwsATuhIGQAw&usg=AFQjCNESP2u7kPsZqIikitzkavOIqsnVTg&sig2=JtLpwzxeTQSVH23AmlxHhg> Acesso em 18 de jan.2014.